大展好書　好書大展
品嘗好書　冠群可期

大展好書　好書大展

品嘗好書　冠群可期

截拳道入門

5

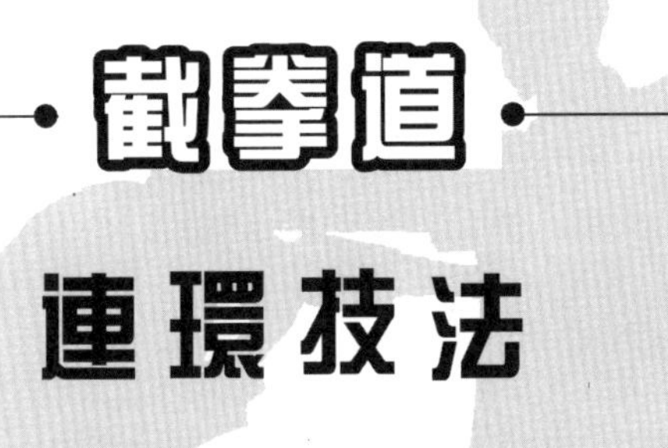

截拳道

連環技法

舒建臣　編著

大展出版社有限公司

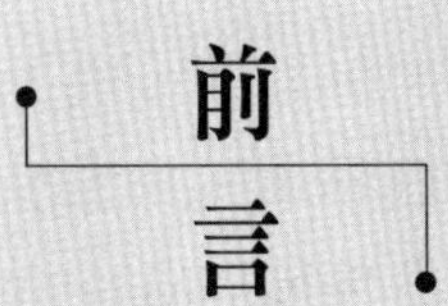

前言

自從香港武術大師李小龍先生創立了截拳道功夫以來，影響巨大，在國際武壇上享有盛譽。近些年來，截拳道在中華大地上也得到了蓬勃發展和廣泛傳播，在廣大青少年中掀起了一股學習截拳道的熱潮。

人們不禁要問，中國是中華武術的故鄉，其內涵極爲豐富，各門各派，千姿百態，足以讓任何一位有心學武之人眼花繚亂，難作決斷。然而爲什麼人們還會對截拳道這種既有中華武術的內涵，又借鑒了諸多西洋拳法的技術特點的功夫門類如此青睞呢？

依筆者的多年實踐體驗，截拳道歸根結底還是從中國武術這棵大樹上衍生的一株新枝，但它又不同於中國傳統武術，它在許多方面已經跳出了傳統武術的規範與限定，體現出時代的進步。從截拳道的學習和認識中，人們依舊可以充分瞭解武術的基本理念，而且從運動訓練中不僅獲得實戰搏擊的能力，還使自己的身心同時得到更好的鍛鍊，從實際效果上看，在諸多武技流派中是出類拔萃的。

截拳道不僅僅教會人們在健身或者搏擊中一招半式的技巧，還強調在學習中追求肉體鍛鍊的極限，同時進入更加深層次的心靈的探求，使自己在肉體和精神上都得到一個極大的昇華，從而使這門拳技成爲自己生活中一種藝術的拳道。反過來看，當人們在學習中感受到自己從未感受過的許多新知之後，從內心深處迸發出來的熱情又會將種種武技全面地融入到社會生活發展的軌跡中。

今天看來，截拳道早已不只是人們茶餘飯後談論的話題，也不只是從宣傳片中體現對偶像崇拜的衝動，它早已成爲大批練習者日常生活中的重要內容，並逐步地提高著他們的道德、情趣和生活理想的修養。截拳道教會了人們更深入一步地洞察武術的邏輯性，並引導人們站在中外武術文化的基礎之上去充分發揮截拳道所展現的創新思維。

實事求是地講，截拳道是它的創始人和繼承者們交給這個世界的一個嶄新的、理性的、科學的武術體系。儘管，探索武術的眞理常常會遇到許多意想不到的困難，創立一種新的武術體系更非易事，它不僅需要昂揚的激情、創新的勇氣、良好的悟性，還需要科學的態度、求實的精神和嚴謹縝密的思考，而這些，截拳道和它的追求者們基本上做到了。

由於諸多原因，截拳道的資料保留得並不完整，一些人在學習中常常會遇到一些困難，由此，筆者才有了整理出一套比較系統又讓人易於理解的叢書的計畫。經過幾年的努力，產生了《截拳道入門叢書》。這套叢書共六本：《截拳道手擊技法》《截拳道腳踢技法》《截拳道擒跌技法》《截拳道連環技法》《截拳道攻防技法》《截拳道功夫匯宗》。在這套叢書中，筆者試圖從不同的角度，以理論和實戰技法相結合的方式，把截拳道最基本的理念、技法和攻防招式逐一介紹給大家。考慮到不同層次學習者的需求，在這套書中，筆者儘量以通俗易懂的語言進行描述，以較多的圖片直觀地表現各種技術動作的特點，力求使之達到一個最好的效果。當然，這只是筆者的一個好的願望，因爲，無論是學習截拳道還是其他的武術流派，最主要的還是要靠學習者在訓練中的切身感悟，一部入門叢書，無論如何僅僅是引導您入門的一個輔助工具，而不是全部。

由於截拳道內容非常寬泛，尤其是其技法技巧變化萬千，無法在一部書中得到充分的展現，加之筆者的認識也有待不斷的深化，不斷的提升，所以在本書中難免有諸多的疏漏和不足之處。在此誠懇地希望所有讀到本書的同道提出批評和建議，以期共同提升。

本套叢書得以付梓出版，筆者衷心地感謝多年來一直給予關注和支持的親友，以及爲此付出了辛勤勞動的所有的人。

作　者

於深圳

目錄

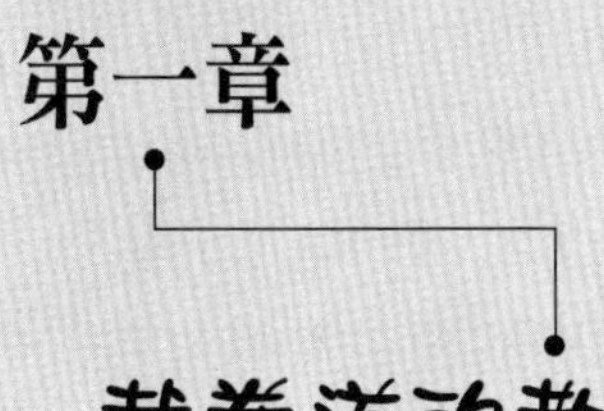

第一章

截拳道的教學與訓練

截拳道技擊法是在技術教學中逐漸掌握的。掌握了一定的動作或運動方式後，為達到實戰目的需要進行反覆的練習，以便最終達到運用自如、遊刃有餘狀態。

為了獲得心靈上的充實，在教學與訓練中，切勿使截拳道的教與學失去生機，一定不要在學習截拳道時落入形式主義的桎梏中。

經過截拳道的訓練後，應當明確技擊法的整體性，堅決拋棄一切偏見和束縛，使自己能夠進入一個自由無羈的境地。

第一節　教學條件

諸多的截拳道的隊員在接受訓練後，效果往往是不盡相同的。有的隊員學得快、進步也快；有的則學得慢、進步也較慢。這是因為隊員們的個人能力有差異造成的。此外，學習方式和學習條件的不同也會直接影響他們的進步。因此，要想提升學習截拳道的效率，必須在科學的教學條件下，系統地開展訓練。

訓練要有明確的目的性。無目的的重複練習有時難以使運動技術得到改善，常令人有事倍功半的感覺，甚至會使錯誤的動作固定下來。重複的練習對運動方式的積極方面和消極方面都會有鞏固作用。練習者在做劈腿練習時，如果姿勢不正確，腿部的柔韌性就會在髖關節部位發生變形，動作就不能正確運用。如果錯誤的姿勢不能儘早糾正過來，就會繼續保持下去，而給練習者造成難以彌補的缺憾。但是，經過有目的、有計劃的正確訓練，情況就會大為不同。

在訓練過程中，練習者應當在教學中建立起自己的目標，這一點對於達到預期的訓練效果有重要意義。這個有目的的訓練目標會把訓練的內容映射在腦海裏，練習者會將訓練的技巧內容與要掌握的內容由映射加以對照，同時會考慮如何才能達到目標，借助思維的積極狀態，促成訓練效果的進步與提升。

在訓練中，身體素質的各種訓練方法一定要正確、合理地配合已確定的訓練秩序。訓練要循序漸進，不能操之過急，應逐漸增加練習難度。如果一味追求「短平快」，不但成功的把握不大，還容易傷及筋骨肌腱，甚至內臟器官。

經過截拳道的訓練，雖不能保證每個人都成為高手，但只要堅持鍛鍊，相信每個人都能得到身心兩方面的收穫的。

截拳道的訓練一般不受場地限制，任何時間均可訓練。但作為個人，應制定適宜自身條件的訓練計畫，每天按計畫按時操練。訓練中不能三天打魚，兩天曬網。即使練功多年、有較好基礎的練習者，也不能例外。

在正常情況下，必須有計畫、有步驟地進行訓練，因故臨時有變動或身體不舒服時，要按實際情況調整訓練計畫。訓練時要保持精神狀態的良好。

每次訓練後，應讓練習者及時知道自己的練習結果，瞭解自己的優點和缺點、成績和差距，並使正確的技術得以鞏固，錯誤的動作及時糾正。

訓練結果的回饋對正確的訓練起著強化作用，對錯誤的技術動作進行抑制，從而使練習者加快提高自己的身體素質。

第二節　訓練方法

身體機能對訓練刺激產生的適應能力是可訓練性持續的基礎。截拳道的教學與訓練能增強身體各器官的功能，這個過程本質上就是一種積極的生理適應。身體各器官在適宜的生理負荷刺激下，功能將進一步增強。高水準的練習者的最大吸氧量、動靜脈氧差均高於普通人，肌肉及新陳代謝都有較好的適應變化。

一般條件下，訓練如果終止，已獲得的訓練適應將會逐步消失，但採用內勁練法則可以較長期地保持下去。然而，任何一種技巧的運用對身體的影響都是有局限性的，因而，在訓練時必須採取多種方法來進行訓練，才能全面發展身體素質。

截拳道的連環技法建立在全面訓練的基礎之上，追求透過多種運動促成人體運動的條件反射。全面發展身體素質的訓練能使練習者的運動能力獲得大幅提升，而這正是運用連環技法的必要條件。人體運動能力的強弱與從事運動的效能是互相影響的。力量差的練習者的速度就很難提升，力量或爆發力也不可能太好。一般性的耐力素質差的話，專項的耐力就難以發揮較高水準。因而要想提升運動的效果，必須運用多種訓練方法。

截拳道的訓練方法多種多樣，這裏將常用的幾種訓練方法作些介紹。

一、重複訓練法

重複訓練法是指反覆多次地進行截拳道同一動作的練習，並在各組重複練習之間安排一定的休息時間的訓練方法，由於多次反覆做同一動作的技巧練習，可以不斷強化運動的條件反射，便於動作技巧的掌握與鞏固。身體機能在承受反覆訓練刺激後，生理上達到較大程度的負荷，促使身體的運動能力和各機體器官的功能不斷增強。

進行重複訓練時，每組練習期間休息間隔的時間長短對訓練效果有不同的影響。如果是為促進身體無氧代謝能力的發展，每次重複練習之間的休息間隔要短。特別是青少年時期，代謝能力旺盛，功能恢復較快，因而要減少訓練中的休息時間。

二、間歇訓練法

間歇訓練法是指截拳道嚴格規定每組練習的休息間歇時間的訓練方法。在間歇訓練中，心率與時間都可用來作為控制訓練的強度和間歇休息的指標。

截拳道訓練的強度大，心率可上升至160～180次／分鐘，透過間歇休息，待心率降至120～140次／分鐘時，接著再進行下一次練習。

截拳道的間歇訓練對訓練強度及間歇時間有著嚴格約束，目的是使肌體在間歇時間內得到休息，使心血管系統、呼吸系統功能在休息期依然保持較高水準，從而鍛鍊內臟各器官，使之達到最佳狀態。

三、持續訓練法

持續訓練法是指截拳道訓練的不間斷的、長時間的、強度低的練習方法。採用持續訓練法主要是為了提升心肺功能和增強有氧代謝的能力。運用持續法增強有氧運動能力的關鍵，是持續訓練中的運動時間和把握運動的強度。總的來說，持續訓練法的特點是持續時間較長但練習強度較低。

由於身體器官的惰性，大約在開始運動3分鐘後，身體機能才能逐步達到最高水準狀態，因此，要發展有氧代謝能力，練習的時間應當持續5分鐘以上。

四、循環訓練法

循環訓練法是截拳道訓練的一個特色，即把幾種不同內容的練習方式串連成一個訓練組合點，練習者按一定的順序，循環往復地進行練習。

循環訓練法的要點是，練習的內容要合理地進行組合搭配，必須符合訓練及負荷的適應。一般情況下，循環訓練法多用來發展肌肉活動的力量、速度、靈敏、耐力等素質。

五、對抗實戰訓練法

對抗實戰訓練法是密切結合搏擊比賽的條件及要求而進行的訓練方法。採用此種訓練法，可以使截拳道技術直接適應並運用到實戰搏擊中，接近於最大強度的對抗訓練。運用此方法，可以增強練習者的運動能力，提高各項技法技術的運用能力及心理素質。

接近實戰的對抗實戰訓練，將使練習者情緒的興奮度提升。良好的競技情緒狀態會刺激交感神經，對推遲疲勞、延長運動能力將起一定作用。

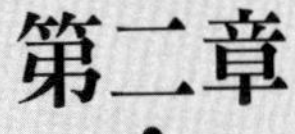

截拳道身體素質訓練

截拳道強調，訓練時不能把太多時間耗費在動作技巧上，而應同時注重身體素質的訓練，才能更有效地提升動作技巧水準。身體素質訓練並不只是關心訓練的目的，還要學會思索和判斷。

身體素質訓練是在運動中由神經與肌肉的激烈反應，使精神與身體的生理狀況得到充分鍛鍊，經過這種鍛鍊，最終才能完美地展現截拳道的技巧。

第一節　柔韌素質訓練

截拳道運動，是需要身體各部位肌肉、關節以及內臟器官共同參加的運動。肩部關節、髖關節、膝關節的靈活性和腰部的柔韌性、上下肢的力量以及呼吸的配合，在截拳道運動中起著決定性作用。

柔韌素質是指人體在運動時肢體關節活動的幅度或活動範圍。

一、柔韌素質因素

決定柔韌素質因素的生理結構有三個方面：

1. 關節的骨狀結構；

2. 關節周圍軟組織體積的大小；

3. 髖關節韌帶、肌腱、肌肉及皮膚的伸展性。

影響柔韌素質強弱的主要因素在第三條，即髖關節韌帶、肌腱、肌肉及皮膚的伸展性的好與差，比較明顯地影響著人體柔韌素質的強與弱。

同時柔韌性素質還受到中樞神經系統對骨骼肌的刺激調節，特別是對對抗肌之間的協調功能的刺激，以及對肌肉的放鬆和緊張程度的影響。

放鬆所反映的是肌肉緊張的程度。在訓練和實戰中，必須注意肌肉的緊張程度不超過做動作時所需的緊張程度，並使拮抗肌產生最低限度的張力。

如何把握放鬆的分寸，要靠冷靜的心理培養與情緒的控制。放鬆也不僅是肌肉的放鬆，更重要的是對心理與注意力的集中。

二、柔韌素質訓練

柔韌性的練習，最好從兒童時期開始，訓練效果最好。青年時期，柔韌性雖然也可以提升，但進步已大大減慢，如不能堅持，還會出現減退現象。已經獲得的柔韌性素質，可以保持較長的時間。只要堅持進行柔韌性訓練，即使到了老年，仍會具有較好的柔韌性。

進行柔韌性練習時可以配合一些準備活動，預先熱身。隨著體溫升高，肌肉的黏滯性逐漸降低，中樞神經系統的興奮性將適度提高，在此基礎上，方可進行柔韌性練習。柔韌性練習要與力量練習相結合，才能有效提高全面素質。

三、柔韌素質附加訓練

1. 壓膝練習

坐立姿勢，挺直身體，兩手扶握兩腳合攏，兩腿屈膝；兩手連續輕用勁振壓膝部。動作自然，避免身體僵硬；由壓膝收回姿勢，兩手扶按膝部，做些放鬆動作，緩和一下受刺激的髖關節（圖 1～圖 3）。

圖 1

圖 2

圖 3

圖 4

2. 跪壓練習

兩手握拳撐地，一腳腳尖觸地並向體後伸直，另一腳向前跪壓，使膝部觸地。以此鍛鍊大腿前側肌肉和膝關節周圍韌帶的彈性，並間接鍛鍊腰、腹部位（圖 4）。

第二節　靈敏素質訓練

靈敏素質訓練能使練習者提高迅速改變姿勢、調換動作和隨機應變的能力。靈敏素質也是截拳道運動的技能與各種身體素質狀況的綜合體現。

具有良好的靈敏素質的練習者能正確把握搏擊的各種方法，動作自然又不拘於形式，能控制攻擊的速度和勁力，防守時能做到嚴密而少疏漏。透過訓練獲得較高的靈敏素質，可以在實戰中發揮出力量的最大效用，並能統合速度與柔韌性的利用。

一、決定靈敏素質的條件

1. 提高大腦皮層神經活動的靈活性及綜合分析能力，使身體在內外環境條件發生突變時，快速對變化情況作出判斷，並隨即反應。

2. 重複訓練法使技術的熟練程度達到較高水準。

3. 運動的動力性定型促使動作在大腦的控制下運用協調、穩定且高度自動化，以及在運用動作時有創新性思維。

4. 有紮實的力量、速度、柔韌性、耐力作為基礎，適應複雜多變的搏擊。

二、靈敏素質訓練

踢打拳靶、腳靶練習

運用各種技法踢打助手所持拳靶或腳靶。攻擊中，助手不斷移動拳靶或腳靶的高度和位置。這種訓練可以使練習者的靈敏素質大幅度提升。

擊打時應注意培養攻擊的意識，使精神高度集中與及時變換，把握對距離、時機的感覺（圖5～圖9）。

圖 5

圖 6

圖 7

圖 8

圖 9

三、假想對抗練習

假想與對手進行對抗實戰，能夠提高動作的速度及身體的靈敏性。假想攻擊對手時，先放鬆身體，並輕鬆自如地移動。

注意站立的姿勢及步幅舒適自然。假想站在面前的對手十分兇狠，然後使用多種招式將他擊倒，從而在訓練身體靈敏素質的同時，培養出一種真正的搏擊精神。

第三節　力量素質訓練

力量素質訓練可以使自身肌肉與神經系統得到良好的發展和協調，使練習者能承受搏擊中的力量消耗，發揮更強的攻擊效果。在截拳道的實戰中，單純性地使用力量很少，多為綜合性力量運用，才能較好地發揮身體素質的優勢。良好的身體素質的形成來自於循序漸進的訓練。力量素質訓練應當有計畫地進行，決不能盲目訓練。

運用器械負重訓練主要是增強肌肉的力量，而不是單純地使肌肉塊增大。訓練之前的準備活動應充分，並在使用器械訓練時應掌握好動作技術。進行了一段時間的力量訓練、身體逐步適應後，要適當增加重量。此階段的鍛鍊不應操之過急。

力量的使用應由特別的運動技巧和呼吸協調配合進

行，這將使自己在搏擊中處於靈巧而又不被動的狀態，並且在錯綜複雜、不斷變化的對抗過程中，透過合理分配力量的使用，達到動作技能的高效發揮。

練習者在自己的實際水準較低時，往往在實戰中企圖利用力量去彌補技術的欠缺，因而經常有些人不顧一切地消耗著體能去搏擊，但最後還是敗下陣來。

如果留意的話，可以看出高水準的練習者在實戰對抗中運用爆發力擊打的時候遠比運用重拳擊打的時候多，這說明適當的使用擊打動作的能力與擊打頻率之間存在著密切的關係。練習者應在搏擊中學會善於掌握體能的消耗，善於在整個實戰中合理地分配力量的使用。

力量訓練應當符合自身的實際情況。比如說任何一種力量的訓練方法幾乎都有益於初習者，但相對來說，只有幾種力量訓練方法有益於有經驗的練習者，而另外一些訓練手段對其卻不起什麼作用，有的甚至會起到反作用。因此，重要的是，力量訓練必須引導練習者正確使用爆發力和快速擊打力，而不能用僵硬之力。

有許多肌肉並不發達的練習者，因其熟練掌握了集全身之力於一點、發力於瞬間的發力技巧，同樣能夠輕鬆自如地展開有力攻擊。截拳道要求應在理解拳理的基礎上，科學地進行訓練，選擇正確有效的動作以完成力量訓練。在加大力量的訓練量時，必須與身體柔韌、靈敏和速度等共同練習，使動作更加協調。

每個階段的力量訓練的內容是不同的，練習者應以提高爆發力和速度的練習為主。

力量素質訓練內容在別處也作過一些介紹，這裏再介紹幾種好的訓練方法。

圖 10

1. 單腿深蹲起

單腿蹲下，上身中正，一腿前伸，不要觸地，另一腿連續做深蹲起立動作，直至力盡而站立不起來時再換另一腿練習。做此練習時，兩手握拳屈肘保持平衡。此方法重點鍛鍊二頭肌、半膜肌、腓腸肌的力量（圖 10、圖 11）。

圖 11

2. 單腿跳

身體重心置於左腳，姿勢降低，右腿自然屈膝，然後向上跳起，在腳未落地前，前後腿交換位置，成屈膝姿勢落下。左右腿交換練習（圖 12、圖 13）。

3. 深蹲左右跳

身體下蹲，然後向一側跳，落地時身體重心移至落地一側腿上，然後向另一側跳，落地時重心隨著移至另一側

圖 12

圖 13

圖 14

圖 15

腿上，無重心支撐的一側腿的腳尖輕著地。練習時注意，可以遠跳但不可高跳（圖 14、圖 15）。

圖 16
圖 17
圖 18
圖 19

4. 收腿跳

身體成自然站立姿勢，兩腳併攏，兩腿接著用力縱跳，並向胸前屈收，待腿落下時，接著連續跳起。反覆做此練習，直至縱跳動作越快越好（圖 16、圖 17）。

5. 仰臥起坐

身體下蹲，成盤膝姿勢後，兩手交叉置於腦後，仰臥身體，在身體下落時，快速以腰、腹勁力坐起。此練習要儘量快速做（圖 18、圖 19）。

第四節　速度素質訓練

速度素質是截拳道的重要組成因素之一。在實戰中，如果速度上佔有很大優勢，運用其他技法時常常也會佔有優勢。

速度素質是指訓練者在最短時間完成動作的能力。

速度素質一般分為反應速度、動作速度和運動時位移速度三種形式。反應速度是對刺激發生反應的快慢；動作速度是完成某個動作時間的長短；運動時位移速度是通過一定距離的最短時間（或單位時間內通過的距離）。

影響速度反應的一般原因：

- 神經組織系統未經過很好訓練。
- 漫不經心。
- 疲憊不堪。
- 恐懼、憤怒等情緒的產生和變化。

訓練最快速度諸要求：

- 注重基本功夫練習，提高身體動作的靈活性。
- 掌握正確的姿勢。
- 鍛鍊敏銳的視覺與聽覺。
- 運用技術動作簡捷明快。

為了提高速度素質，還必須改善和提高神經系統的靈活性，促進肌體的協調與放鬆的能力。

一、速度訓練

運用拳法或踢法，進行空招出擊練習。動作的準確性和速度是重要的練習目的，並大量採用重複拳法或踢法練習。隨著訓練時間的加長，動作的速度就越快。練習中將注意力集中在速度上面，而不要太注重力量（圖 20～圖 26）。

圖 20

圖 21

圖 22

圖 23

圖 24

圖 25

圖 26

二、腿部力量訓練

選擇單腳跳、多級跳或上坡跑、負重跑練習，這些方法對鍛鍊下肢力量、發展速度素質都很有效。

跑步練習一般採用最大強度進行 100 公尺短距離快速重複跑或衝刺跑訓練。

第五節　耐力素質訓練

耐力素質訓練就是使練習者身體強壯，能夠適應長時間的、劇烈的搏擊。

耐力訓練的分類比較複雜些，不管是一般耐力訓練，還是專項耐力訓練，我們都按有氧耐力訓練（一般耐力訓練）和無氧耐力進行研討。耐力即身體進行長時間運動的能力，也可以認為是抗疲勞的能力。

一、有氧耐力訓練

有氧耐力是人體長時間進行有氧運動的能力。身體要進行長時間的有氧運動，會受到多種因素的制約，如呼吸、肌肉纖維類型及神經系統調節功能等。有氧耐力訓練就是鍛鍊呼吸系統和肌肉利用氧的能力，主要目的是提升有氧運動對人體功能的影響。

二、無氧耐力訓練

有氧耐力訓練中採取的跑步練習，適宜於強度較低、持續時間較長的訓練，多採取勻速跑步和間歇跑步的練習。須注意的是，訓練強度不能過低，強度過低，就不能充分利用機體的氧運輸系統功能的潛力，無法有效發展有氧代謝能力。但如果訓練強度過高，訓練持續時間縮短，則又會形成無氧代謝。

無氧耐力是人體在氧供應不足的情況下較長時間進行肌肉工作的能力。影響身體無氧耐力的因素有乳酸能系統的供能水準和機體對酸性物質的緩衝能力，以及耐酸能力和身體內的肌糖元含量等。

無氧耐力能源主要是乳酸能系統。經過系統無氧耐力訓練，身體的耐酸能力將得到增強。無氧耐力訓練通常採用間歇訓練法，可以有效增進身體系統功能的水準，提高肌體對乳酸的耐力，從而提高無氧耐受力。同樣，採用重複訓練法也有利於促進無氧耐力。

1. 跑步練習

用 30 秒跑完 200 公尺，間歇 30～90 秒，重複數次，跑完後心率達到 170～190 次／分鐘。

慢跑 100～200 公尺後大跨步跑 100～200 公尺，接著衝刺疾跑 100 公尺左右，然後快跑 100 公尺左右，接著放鬆慢跑。重複練習；進行 500 公尺全力跑步練習，重複練習

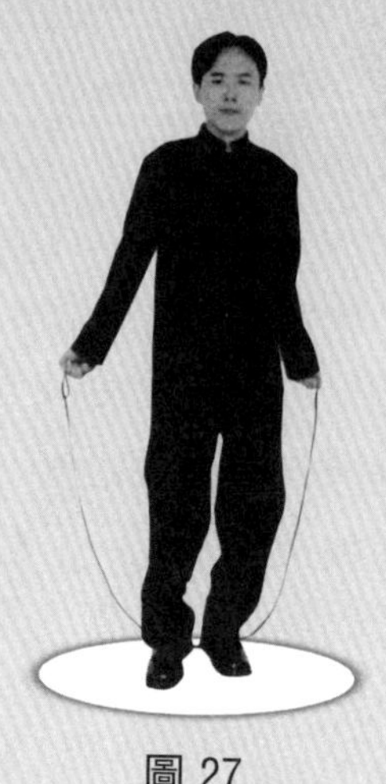

圖 27

幾次。

2. 跳繩練習

熟練掌握跳繩節奏，加快跳繩速度，減少臂、腕的擺動幅度，在跳繩繞過腳時，腳跳的位置不要太高，恰好能使跳繩通過即可（圖 27）。

第六節　平衡素質訓練

平衡素質是在技法運用時對身體的控制。實施攻防技術時必須始終保持身體重心的平衡，及時正確地調整身體，以便維持發揮動作時需要的身體平衡。

平衡是協調神經、肌肉的反應，以保持人體穩定性的能力。影響人體支撐穩定性的因素很多。人體運動中的平衡主要是指下肢的支撐平衡，但它是一種有限度的穩定平衡。

在攻擊時，兩腳站立的姿勢應該以一隻腳能夠迅速向各個角度、方向出擊，並形成其全力進攻時的一個轉動軸心，而另一腳能夠保持有效的平衡，用於防護抵擋來自各方的攻擊，必要時也可進行出其不意的攻擊。配合腿部的平衡支撐，身體姿勢必須正確，用以增進攻擊動作的準確性與平衡控制。

以一種姿勢站立時，兩腳相距一自然步幅的寬度，並注意不要固定在一個地方。兩腳切勿交叉，以防被對手推倒或變換姿勢時自己絆倒自己。在控制身體平衡時，還包含身體傾斜時的平衡控制。記住一句話：「欲在動中尋求平衡，非在靜中求平衡。」

搏擊時，身體的重心會經常因自己的動作變化而不停地改變著。出拳攻擊的失手和腳踢的落空，均可能造成短暫的失衡，這時不妨採用微屈膝樁步的收斂姿勢，以控制平衡。攻擊時，身體重心的移動不能顯露出猶豫不決，而應隨著踢打動作的實施快速變換。

在封手或消解對手的攻擊時，身體的重心須做到從前腳移至後腳，拉開由於對手迅速靠過來的近距離，並做好反擊準備。

平衡素質訓練

做前進、後退動作，在移動中體會兩腳姿勢是否正確、樁步與身體的配合情況出拳或腳踢時身體姿勢如何，並且體會有意識地自我破壞動作平衡的感覺（圖 28～圖 32）。

第七節 心理素質訓練

截拳道追求的是精神和肉體的完全自由修練，不單是學會踢打的技巧，還求心悟。因此在學習截拳道時，一定要注重培養良好的心理品質，以促進技法的充分發揮。心理品質是練習者由訓練表現出來的行為傾向的特質，也由此構成了有別於他人的個性心理素質。

心理素質訓練的結果會使練習者情緒穩定，從而鍛鍊了堅強的意志，塑造出自覺、自律、自信的良好品質，對實戰搏擊充滿自信。透過心理素質的訓練，還能使練習者忍受訓練中的痛苦以及降低焦慮情緒，全身心地投入訓練。

綜觀諸多體育運動項目，在心理素質方面的研究仍有欠缺的地方，截拳道也不例外。要探討截拳道的心理素質訓練的有益性，必須經過長期觀察，並對其進行深入的分析。運用心理素質訓練將使練習者能最大限度地挖掘身體素質的潛能，以適應實戰搏擊的需要。

心理素質訓練作為一種訓練手段，有助於增進練習者的競爭意識、合作精神、果敢頑強的意志，以及處理危局的能力、正確對待成敗得失的心理品質。

圖 29

圖 28

圖 30

圖 31

圖 32

一、心理素質訓練概念

心理素質訓練是有計畫、有目的地對練習者的心理過程和個性心理加以影響的訓練過程。這個訓練過程透過特殊的方法和手段促使練習者學會調節和控制自己的心理狀態，進而調節和控制自己即將實施的運動行為。心理素質訓練是截拳道運動訓練中的重要組成部分。因為心理素質會影響、制約練習者的動作、技術、戰術策略的運用，良好的心理素質能夠促進練習者心理素質的不斷完善，形成截拳道必需的良好心理個性特徵，並以此高水準的心理素質，高度適應訓練和實戰搏擊中的各種狀況。

和其他身體素質訓練一樣，心理素質也受到後天環境和訓練的影響，並可透過訓練得到提升。心理素質訓練也遵循著其他身體素質訓練的規律，需要在長期、系統的過程中進行。

二、心理素質訓練應注意的問題

1.預防為主、訓練在先

同其他素質的訓練方法相同，應運用各種心理訓練方法提前讓練習者進行鍛鍊，防患於未然，不能等到臨場搏擊中出現心理問題，再去試圖調節，這樣將不能有效地發揮體能和技術，甚至在搏擊中手忙腳亂，敗下陣來。因而，練習者需在訓練中同時調控心理能力，主動把心理素質調節到最佳水準。

2. 積極主動配合訓練

心理素質訓練要取得良好效果，取決於練習者的自覺性和積極性。

初習者常常不太清楚心理素質訓練的作用，有時甚至持懷疑態度。此時，建議不要強迫他們接受訓練，而是逐步將心理素質訓練的重要性講清楚，在他們比較瞭解心理素質的重要性以後，他們必然會產生一種內部需要動力，自會主動積極地配合訓練。

3. 長期系統堅持訓練

在教練員指導下，初學者一開始便要結合進行心理素質訓練，隨時注意訓練中出現的問題並及時加以解決。必須進行多次反復的練習和實踐，使其在訓練和實戰搏擊中發揮效率。

4. 與專項訓練相配合

努力使心理素質訓練同截拳道的動作訓練、技術訓練、戰術訓練有效配合，並把心理能力控制貫穿到運動技巧和搏擊情緒的實際問題當中，以實現精神和肉體完全自由的修練。

三、心理素質訓練

1.準備姿勢

心理素質訓練通常分為坐姿、臥姿、站姿三種情況。坐姿最為常用，站姿也比較重要（圖33～圖38）。

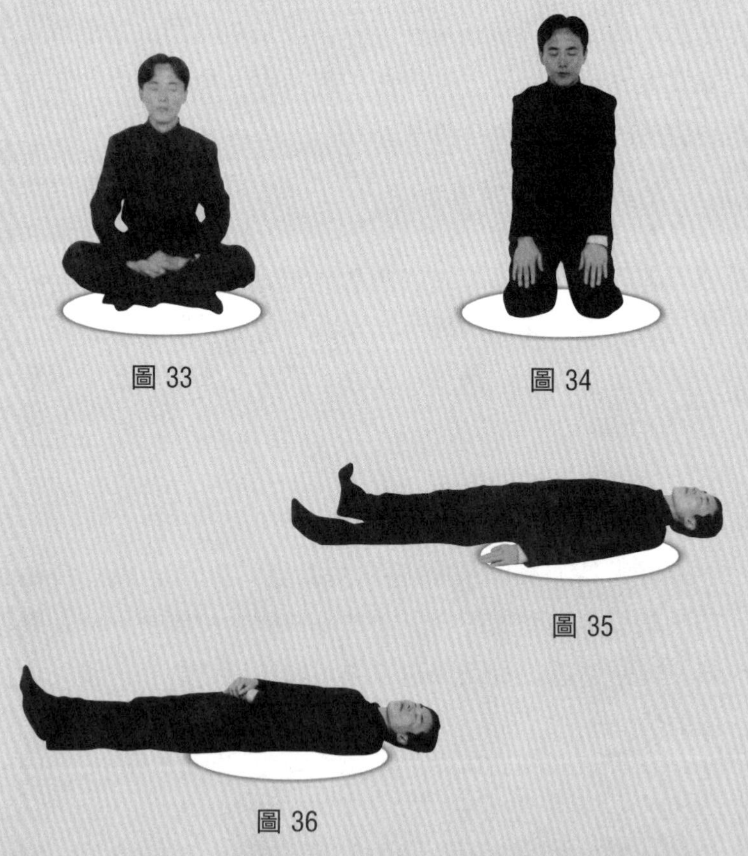

圖 33

圖 34

圖 35

圖 36

圖 37

圖 38

2.放鬆訓練

由準備的任何一種姿勢進入放鬆狀態。這時大腦呈現一種特殊的鬆靜狀態，即是一種半醒的意識狀態。全身各部位肌肉放鬆，中樞神經系統處於適宜的興奮當中，注意力高度集中，做好心理訓練的準備。

放鬆訓練應選擇安靜的環境。閉目、放鬆全身肌肉，平靜緩慢地用鼻子呼吸，使自己能夠感到自己在呼吸。將注意力高度集中於暗示上，清晰、逼真地想像帶有愉快的情緒色彩形象，能夠清晰地知覺肌肉不同程度緊張的狀態，即從極度緊張到極度放鬆。並以隨和狀態，進行深沉而緩慢的腹助式呼吸。

每天重複練習，可產生深度的放鬆。

3. 表象訓練

由放鬆訓練姿勢開始。放鬆可用較短時間，然後開始在暗示的指導下，在頭腦中重複想像某種動作過程或者運動情景，以考慮幫助提高運動技能和情緒控制能力，有利於建立和鞏固正確動作的動力定型，加快動作的熟練和加深動作記憶。

在產生一個動作表象情景時，將伴隨著實現此種動作的神經衝動，大腦皮層會相應地使中樞神經興奮，恢復原有的暫時動作表象，並會引起相應肌肉的難以察覺的微妙動作，也就是常說的念動動作。

4. 暗示訓練

暗示訓練是利用語言或其他行為對練習者心理加以影響，進而使其控制自己行為的過程。練習者透過語言等接受暗示或自我暗示，由外部環境和體內環境的言語或行為來調節自己的心理認知、情感與意志。

自我暗示對心理活動和行為的影響是比較大的，也比較特殊。

自我暗示是由語言作用、調節練習者中樞神經系統興奮水準，同時調節了人體內部活動過程，提高或降低身體溫度，加快或減緩新陳代謝的過程。

第八節　功夫素質訓練

截拳道的訓練效果不僅在於獲取一種實戰的能力，同時它將成為一種格鬥的藝術。訓練的效果就是身體四肢運用的功夫。截拳道的動作技法舒展大方，剛柔並濟，迅速敏捷，靈活多變，進退自如。但要做到技法的功力純厚，需要多方面身體的綜合素質相配合。

截拳道的功夫素質訓練就是對整個身體素質的訓練總結，概括了各種訓練方法的要點。

功夫是訓練對身體的實踐，體現著拳技運用優劣的能力。

手法的功夫訓練後必須做到輕快、敏捷、有力。拳、臂、掌、腕動作都要有力，招式的運用乾淨俐索。欲使拳掌達到輕快、敏捷、有力，應在運用招式時，放鬆肩部，增加出招速度而產生力量。

拳掌的運用應有動靜之分，既有招、也有勢，突出截拳道的拳招動靜的特點。

眼神的活動要敏銳及快速。眼神可以配合攻擊的招式靈活變化。靜止時，尤其在警戒樁式防守時，要伺機待發，進則攻擊，退則防守。進身攻擊時注視前方的對手，在進身時突然做向後的轉身動作，先回頭，眼神依舊注視對手，緊接著發動攻擊。在靜止的防守姿勢時，眼神同樣凝視對手，隨時觀察對手的變化。

身體四肢做技術動作時既能做到柔軟又能做到堅韌。動作柔軟就靈活，動作堅韌則有力。應根據不同的動作，體隨勢變。

步法在掌握與運用時，不能受上肢、軀幹活動的影響，相反，還要為上肢、軀幹活動提供穩固基礎。步法運用的好壞直接關係著技法運用的效果。步法的訓練要與其他技法互相配合，協調一致，才能真正實現技術動作的敏捷、完整。

截拳道對呼吸的要求是維持複雜的、運動量大的動作用氧的供需方式。在訓練時可以運用腹助式呼吸法，以達到蓄勁儲氣的目的，並保持運動平衡，使自己在搏擊中從容對敵。但是，在不同的動作和不同的情況下，也有不同的呼吸方法。在進行跳躍或做高段位動作時，呼吸要提起；處於高段位或低段位的靜止動作時，應托氣平穩呼吸；做短促、激烈的動作時，則要用呼吸聚氣。

功力要純。功力即力量、速度、靈敏、耐力的訓練和技巧的總合。

「功」即是功夫，「力」就是達到的程度，「功力」就是堅持訓練的效果。只有透過堅持不斷的訓練，才能使身體素質和運動技巧不斷提升。

身體素質訓練達到一定水準後，運用技法的動作技巧要體現出動靜、虛實、剛柔、快慢、輕重等等一些充分體現對立統一規律的特點，這些特點所反映的對立統一規律也就是傳統武術中所說的陰陽。善於把握和運用這些特點，技術的發揮將會更好。

這些體現出來的特徵的任何一方都不是孤立存在的，沒有技巧中的動，就沒有靜，沒有虛，就沒有實，沒有剛，也就沒有所謂柔等。反之，也一樣，拳技的運用中，首先強調欲要動先須靜，欲要實先要虛，欲要剛先要柔。

在準備出拳時，拳、臂肌肉保持著放鬆的狀態，手也握得不太緊，肩部同時放鬆，這時就是柔的體現。在拳頭即將發出時肘關節伸出，手也握緊了，拳、臂的肌肉也緊張起來，此時就是剛的表現。剛柔的對立其實是一個技法動作過程中的相互轉化。

第三章

截拳道連環技法

截拳道連環技法就是將各種訓練方法進行綜合靈活運用，由此連環技法有時會顯得比較複雜。在實戰中運用連環技法時，須仔細觀察對手的動靜，根據對手的特點和攻防手法合理地搭配組合招式，向對手連續實施攻擊。

連環技法的運用要講求效率，動作順暢，招式發於瞬間，增強攻勢的威力。

第一節 進攻技法

截拳道在運用技法進攻時，強調因對手不同的位置和方向而採取不同的打法。所採用的打法多為手法、腳踢法或擒跌法等技術的綜合使用。攻擊的方式為上下左右，四面八方，無所不打。進攻招式可採用單招攻擊，也可採用連環招式，形成連攻帶打。

一、進攻手法

進攻時無論使用拳擊還是手指戳擊，都要注意進攻的速度。如果速度上快於對手，即可牽制對手。同時，速度要與時機相互配合，自如地把握搏擊的節奏。

在對手集中精神準備進攻而防守略有鬆懈時，這時我方可以運用手法攻擊對手。當對手缺乏靈活性，或者攻擊落空欲發動二次攻擊，以及正處在移動過程中，我方均可直接攻擊對手。

運用技法時，手多先於腳做動作。攻擊的手法應從多種角度和適當距離出招，而且還要學會隱蔽出招，以迷惑對手，使自己的招法不被對手所識破。在進攻的同時，一定要做好自身的防護。出拳或擊掌時，身體各部位始終要配合協調，這一點特別重要。

我方進攻時，對手不是躲閃或阻截，而是直接後退，此時對我方來講是一個重新攻擊的大好時機。若對手只將身體重心後移至後腿而全身並不後退，我方重新攻擊時則要取決於對對手打法的瞭解程度，否則擊倒對手將比較困難。重新攻擊時，可以搭配虛招或誘敵攻擊。運用虛招的目的不是擊中對手，而是誘使對手向我方某一具體目標區域攻擊，從而創造我方發招攻擊對手的機會。

運用手法能在進攻時抓住或抵住對手，從而使對方身體的某一部分不能活動，隨即可以展開反擊。在抓擰或擒鎖對手時，要快速向對手靠近，形成近身的攻擊或防守。

但要注意，對手掙脫被抓之被動狀態時，要做好阻截防護和時間差的反擊準備動作。

【實戰運用】

對手以左腳在前時，我方前手佯攻對手腹部，這一虛招佯攻迫使對手落下前手防守。我方注視對手移動的前手，以後手迅速攻擊對手頭部（圖 39～圖 42）。

圖 39

圖 40

圖 41

圖 42

圖 43

圖 44

對手以右腳在前時，我方稍移動前腳，引誘對手兩手防護並降低姿勢，我方趁機移動身體重心，前手以勾拳猛擊對手頸部（圖 43～圖 46）。

圖 45

圖 46

二、進攻腳踢法

搏擊中，在對手尚未來得及防守或閃避之時，我方便可直接起腳踢擊。踢擊時，要注意起腳、收腳和恢復警戒樁式的防護。

腳踢進攻要具備控制身體平衡的能力，而且能在前進、後退以及左右迂迴等情況下，自如地從低段位、高段位或中段位起腳攻擊。在攻擊中運用踢法比運用手法更頻繁。

踢法跟手法一樣，可以做假動作，誘使對手做出反應，但假動作不能使用次數過多，否則一旦被對手掌握，將會一無所獲。

【實戰運用】

對手以左腳在前時，我方移動向前，揚手佯攻，如對手未做出明顯的反應動作，我方前腳隨後腳支撐穩固的同時，突破對手防護一側突然踢擊（圖47～圖50）。

圖 47

圖 48

圖 49

圖 50

對手以左腳在前時，我方虛晃一拳，誘使對手分散注意力，而我方快速近身到達合適的攻擊位置，並快速避開對手反擊動作，以右腳為軸，擰擺腰髖，把握距離，突然旋踢對手身體中段部位（圖 51～圖 54）。

圖 51

圖 52

圖 53

圖 54

第二節　手法組合

1. 格擋——直拳

對手左腳在前，以前手直拳攻擊我方頭部，我方前手迅速上抬，屈肘格擋，在格擋對手手臂的同時，後腳蹬地，後手猛然以直拳擊打對手頭、頸部位。對手遭到攻擊而後退，我方果斷地由前手格擋變直拳，連擊對手腹部（圖 55～圖 59）。

圖 55

圖 56

圖 57

圖 58

圖 59

2. 直拳連續攻擊

對手以後腳在前時，我方以前手直拳虛攻對手頭部，對手反應快速，上抬防護手阻擋。我方避開對手防護或反擊，收回前手，後手突然以直拳擊打對手面部。對手向後仰閃時，我方前手緊接著第三次重擊對手頭部（圖 60～圖 64）。

圖 60

圖 61

圖 62

圖 63

圖 64

3. 刺拳——直拳——橫擊肘

對手以左腳在前時，我方以刺拳佯攻對手頭部，對手前手屈臂格擋。我方看準對手移動時暴露出的胸部破綻，以後手直拳猛擊對手胸、腹部。對手身體下俯，並以前手揚起抽擊我方。我方稍移位，近身靠貼對手，在注意對手的攻擊手時，用後手屈肘攻擊對手（圖 65～圖 69）。

圖 65

圖 66

圖 67

圖 68

圖 69

4. 指戳——背拳——掌擊

對手以右腳在前時，我方以指戳攻刺對手面部，對手抬手擋截我方的攻擊前手。我方在對手出招防護時，移動重心，以後手直拳攻擊對手胸部，對手被擊後退。我方進步跟進，右手由拳變掌，猛力拍擊對手腰部（圖 70～圖 74）。

圖 70

圖 71

圖 72

圖 73

圖 74

5. 劈掌——拍掌

對手左腳在前，並揮拳攻擊我方頭部，我方前手出掌格擋對手攻擊。對手欲收手再度攻擊，我方前手掌擊對手面部。對手防護欲後退，我方跟進，前手手掌抓住對手攻擊手腕，合腰斂勁，後手出掌拍擊對手腰腎部，迫使對手停止攻擊（圖 75～圖 79）。

圖 75

圖 76

圖 77

圖 78

圖 79

6. 劈掌——肘擊

對手右腳在前，以前手擊打我方胸、腹部，我方迅速閃躲，在迂迴時前手格壓對手的攻擊手，後手順勢出掌劈擊對手面部。對手被擊轉身，左手揮拳再擊我方頭部，我方由劈擊的左手連環格擋對手的攻擊手，右手迅速以肘猛擊對手胸肋側（圖 80～圖 84）。

圖 80

圖 81

圖 82

圖 83

圖 84

7.肘擋——擺拳

對手左腳在前，移步出拳攻擊我方胸部，我方注視對手的攻擊手法路線，移動身體，前手屈肘，猛力砸刺對手的攻擊手腕側，迫使對手被擊後縮。我方緊接著跟進對手，前腳踏地，後腳跟進，前手突然以擺拳猛擊對手頭、頸部（圖 85～圖 88）。

圖 85

圖 86

圖 87

圖 88

8. 肘擊——掌擊

對手右腳在前，左手出招攻擊我方胸部，我方前手格擋防護，並移步跟進，前手防護變勢，後手壓截對手的攻擊手臂，前手變肘，攻擊對手胸肋。對手被擊後仰，我方肘擊之後，緊接著出掌劈擊對手面部（圖 89～圖 93）。

圖 89

圖 90

圖 91

圖 92

圖 93

9. 肘擊——短拳

對手左腳在前，右手以擺拳揮擊我方頭部，我方注視對手，後手上抬格擋對手的攻擊，右手快速出掌撩砍對手腰側。對手被擊收勢，我方快速由格擋後手屈肘上抬，猛擊對手肩胛部位。在對手遭擊而縮身時，我方又發出一記短拳重擊對手腰、腹部（圖 94～圖 99）。

圖 94

圖 95

圖 96

圖 97

圖 98

圖 99

圖 100

10.拳擊——肘擊

對手右腳在前，右手出掌劈擊我方頭部，我方前手隨重心稍降而出招格擋，緊接著後手防護，前手格擋消勢成背拳翻砸對手面部。

對手身體移動時，我方再次以背拳變成直拳擊打對手腹部。對手後退，我方跟進，迫使對手防護露出空檔，左手屈肘，頂刺對手胸部（圖 100～圖 106）。

圖 101

圖 102

圖 103

圖 104

圖 105

圖 106

第三節　拳法組合

1. 直拳——直拳——直拳

對手以左腳在前時，我方前手直拳佯攻對手頭部，誘使對手防護出現空檔，在佯攻奏效後，後手直拳重擊對手面部。對手被擊中時，我方後手即左手收回，前手又發出一記直拳，擊中對手頭部（圖 107～圖 111）。

圖 107

圖 108

圖 109

圖 110

圖 111

2. 直拳——擺拳——擺拳

對手以右腳在前時，我方降低重心，以前手直拳突擊對手身體中段部位，對手反應迅速，下落防護手，但其身體上段防禦薄弱。我方移動同時穩固重心，腰髖擰轉，後手擺拳猛擊對手頭部。對手被擊後縮，我方緊接著右手又一次擺拳擊中對手頭部（圖 112～圖 116）。

圖 112

圖 113

圖 114

圖 115

圖 116

3. 刺拳——直拳——勾拳

對手左腳在前，向我方靠近，我方密切觀察對手移動的同時，移動身體，前手刺拳突擊對手面部。對手慌亂中上身後仰閃躲，我方移位跟進，後手直拳緊接著攻擊對手腹部。對手被迫防護招架，我方趁勢收回後手，前手一記勾拳猛擊對手下頜（圖 117～圖 121）。

圖 117

圖 118

圖 119

圖 120

圖 121

4.直拳——擺拳——背拳

對手以右腳在前時，我方前手出招，但不是做直拳重擊對手，而是為擺拳攻擊做準備。對手兩手下落進行防護，我方進步貼近對手，後手抄過對手防護，突然以擺拳重擊對手頭部。對手被擊晃閃時，我方緊接著以前手背拳再捶擊對手面部（圖 122～圖 126）。

圖 122

圖 123

圖 124

圖 125

圖 126

5. 直拳——勾拳——勾拳

對手以左腳在前時，我方以前手直拳直接攻擊對手頭部，對手被迫上抬防護手阻擋，但在防護頭部時暴露了身體中段部位。我方迅速移動，把握時機，後手勾拳猛擊對手腹、胸部。對手被擊而移動，我方緊接著以前手勾拳重擊對手腰、肋側（圖 127～圖 131）。

圖 127

圖 128

圖 129

圖 130

圖 131

第四節　手腿組合

1. 刺拳——側踢

對手以左腳在前時，我方以前手刺拳攻打對手頭部，對手將注意力集中在頭部進行防護。我方逼近對手，對手防護，移動身體，我方逼近對手的同時，前腳突然側踢對手膝關節，迫使對手停止進攻（圖 132～圖 135）。

圖 132

圖 133

圖 134

圖 135

2. 前踢——劈掌

對手以右腳在前時，我方移位並注視對手，接著踏進後腳，在後腳剛觸地時，前腳猛然前踢對手腹部，對手被

圖 136

圖 137

擊側閃。我方緊跟對手收腳，前手隨即出掌劈擊對手頸部，後手進行防護，以防對手反擊（圖 136～圖 139）。

圖 138

圖 139

3.直拳——前踢

對手左腳在前，揮手攻擊我方頭部，我方低頭搖晃閃過，在對手尚未收手時，我方前手格擋，後手直拳猛擊對手腰、腹部。對手被擊後退，我方把握距離，不給對手喘息機會，後腳踏地，前腳快速抬起，猛力前踢對手頭部（圖 140～圖 144）。

圖 140

圖 141

圖 142

圖 143

圖 144

4. 側踢——直拳

對手以右腳在前時，我方前手揚起，引誘對手防護手上抬。我方判斷距離，注視對手變化，後腳踏地，前腳突起側踢對手腰、腹部。對手遭擊側移，我方移步緊跟，擰轉身勢，前手直拳重擊對手頭部（圖 145～圖 149）。

圖 145

圖 146

圖 147

圖 148

圖 149

5. 直拳——側踢

對手左腳在前，撲向我方揮手攻擊，我方移位閃躲，前手阻截對手揮擊，後手順勢直拳攻擊對手腹部。對手被擊後退，兩手下落，我方注視對手變化，判斷距離，前腳踏地，後腳隨腰髖擰轉，轉身猛力側踢對手胸、腹部位（圖 150～圖 156）。

圖 150

圖 151

圖 152

圖 153

圖 154

圖 155

圖 156

6. 背拳——劈踢

對手右腳在前，移動靠近我方，我方觀察對手意圖，前手出掌佯擊對手腰、腹側。對手進行防護，我方突然出後手抓住對手，前手隨腰斂勁猛力出背拳捶擊對手面部。對手被擊閃退，我方移步，前腳迅速掄起，猛劈砸對手肩、頸部（圖 157～圖 163）。

圖 157

圖 158

圖 159

圖 160

圖 161

圖 162

圖 163

7. 勾拳——前踢

對手以左腳在前時，我方前手揮起佯攻對手面部。對手被誘，上抬手臂阻擋，我方把握時機，以後手勾拳猛擊對手腹部。對手被擊後退，我方踏步跟進，趁對手站立未穩，我方後腳落地時前腳已快速踢擊對手（圖 164～圖 168）。

圖 164

圖 165

圖 166

圖 167

圖 168

8. 直拳——勾踢

對手以右腳在前時，我方前手直拳虛擊對手面部。對手集中防護面部，我方快速變化身勢，前手剛收回時，後手即以直拳猛力擊出，擊打對手腹部。對手被擊，我方穩固姿勢，趁對手反應不及，前腳快速提膝揚起，猛力勾踢對手頭部（圖 169～圖 173）。

圖 169

圖 170

圖 171

圖 172

圖 173

9. 勾踢——擺拳

對手以左腳在前時，我方移步，前手揚起，分散對手注意力。對手被迫上抬手進行防護，我方迅速移步，後腳勾踢對手腹部。對手遭到攻擊而前身下俯，我方收腳後，前腳踏地，後腳蹬勁，前手猛力出擺拳攻擊對手頭、頸部（圖 174～圖 179）。

圖 174

圖 175

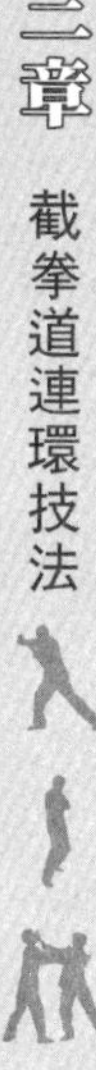

圖 176

圖 177

圖 178

圖 179

圖 180

10. 刺拳——掃踢

對手右腳在前向我方靠近，我方注視對手的變化，前手出招，以刺拳試探對手反應。對手停止移動，站立防護，我方後手防護、前腳迅速提起佯攻對手膝部。對手迅速下落手臂進行阻擋，我方運用虛招佯攻奏效後，前腳由低位姿勢猛然上抬，掃踢對手頭部（圖 180～圖 185）。

圖 181

圖 182

圖 183

圖 184

圖 185

11. 掃踢——直拳

對手以左腳在前時，我方降低重心，迫使對手防護手下落，我方把握時機，不等對手有所反應，後腳支撐重心，前腳快速提起，猛然掃踢擊對手頭部。對手遭到擊打後防護較為脆弱，我方緊接著以前手直拳攻擊對手胸、腹部，後手進行防護（圖 186～圖 190）。

圖 186

圖 187

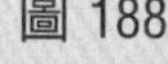

圖 188

圖 189

圖 190

12. 指戳——擺踢

對手以右腳在前時，我方搶先運用指戳突刺對手面部。對手被擊，抬手防護格擋，我方攻擊後，後腳前移，後腳剛觸地，前腳隨擰腰調髖，連貫快速掃擺對手胸、腹部或頭、頸部位，對手的防護失效而被擊倒（圖 191～圖 194）。

圖 191

圖 192

圖 193

圖 194

13. 直拳——旋踢

對手以左腳在前時，我方以前手直拳直接攻擊對手面部，對手被迫防護，上抬手臂。此時，對手身體中段防護力較弱，我方準確判斷距離，把握時機，以前腳掌碾地，快速擰轉腰身，左腳強勁旋踢對手胸、腹部（圖 195～圖 200）。

圖 195

圖 196

圖 197

圖 198

圖 199

圖 200

14. 肘擊——踏踢

對手右腳在前，前手直拳攻擊我方頭部，我方降低重心躲閃。對手尚未收回手時，我方移至對手身體右側，左手屈肘猛擊對手胸、肋側。對手做出反應，兩手進行阻擋，我方前手迅速屈肘攻擊手胸部。對手被擊後退，我方跟進，後腿貼地側趟，前腳猛然踏擊對手膝、腿部（圖201～圖206）。

圖 201

圖 202

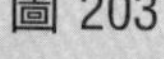
圖 203

圖 204

圖 205

圖 206

第五節　肘膝組合

1. 上擊肘——頂膝

對手以左腳在前時，我方前手揚起，分散對手注意力。對手進行阻擋時，我方移步靠近對手，前手剛收勢，後手屈肘猛刺對手頭、頸部。對手被擊俯身，我方緊接著用前手壓按對手頭、頸部，後手進行防護，後腳猛然提起，膝頂對手胸、肋部位（圖 207～圖 211）。

圖 207

圖 208

圖 209

圖 210

圖 211

2. 頂膝——橫擊肘

對手右腳在前，前手直拳攻擊我方面部，我方上抬前手，格擋對手出拳，同時後腳踏前，後手防護對手反擊，後腳觸地，前腳隨即提起，膝頂對手大腿或襠部。不等對手做出反應，我方緊接著擰轉腰髖，前手橫抬，屈肘猛擊對手頭部（圖 212～圖 217）。

圖 212

圖 213

圖 214

圖 215

圖 216

圖 217

3. 撞膝——橫擊肘

對手以左腳在前時，我方揮手佯攻對手。對手欲後退，我方踏步近身，搶先於對手動作，前腿支撐穩固，後腿迅速起腿，膝撞對手胸、腹部。未等對手站穩，我方後手猛橫屈肘，擊打對手頸或頭部，將對手擊倒（圖 218～圖 222）。

圖 218

圖 219

圖 220

圖 221

圖 222

4. 下擊肘——撞膝

對手右腳在前並撲向我方，在貼身糾纏中，對手揮手攻打我方頭部，我方屈肘格擋同時，後手緊接著以肘下砸對手肩、頸部位。對手被擊閃躲，我方後腳踏進對手中門，前腳迅速提起，猛然膝撞對手腹肋側，迫使對手停止攻擊（圖223～圖228）。

圖 223

圖 224

圖 225

圖 226

圖 227

圖 228

5. 下擊肘——頂膝

對手左腳在前，揮手攻擊我方胸部，我方降低身形閃避一側，右手格擋，抓握對手右手反擰，左手屈肘下擊對手肩、臂部。當對手被迫壓跪於地時，我方緊接著抓住對手不放，左腿屈膝，頂壓對手脆弱的膝關節處，使對手無力反抗（圖 229～圖 233）。

圖 229

圖 230

圖 231

圖 232

圖 233

6. 後擊肘——撞膝

對手右腳在前，撲向我方一側，欲從背後抱摔，我方彎腰屈髖，撞頂對手腹、襠部，迫使對手後鬆身體。我方隨即兩手屈肘，向後連擊對手胸、肋兩側。對手遭到攻擊而後退，我方隨即轉身擒住對手右手，前腿屈膝，猛撞對手腹部（圖 234～圖 240）。

圖 234

圖 235

圖 236

圖 237

圖 238

圖 239

圖 240

第六節　膝腿組合

1. 撞膝——前踢

對手以左腳在前時，我方移步，注視對手變化。對手見我方向前靠近時，出拳攻擊我方頭部，我方左手屈肘格擋，迅速靠近對手，前腿提膝，猛撞對手腹、肋部。對手

圖 241

圖 242

被撞後閃退，我方踏步追擊對手，趁對手站立未穩，後腳踏地蹬勁，前腳突然前踢對手胸、腹部位，擊倒對手（圖241～圖245）。

圖 243

圖 244

圖 245

2. 前踢——頂膝

對手右腳在前，揮手攻擊我方面部，我方晃身閃躲至對手外側。對手攻擊落空，欲轉換身勢反攻，我方看準時機，不等對手出招，後腳提起，快速前踢對手腹、肋側。對手被迫停止靠近我方，我方扭轉身體，後腳觸地並不收回，前腳猛然提膝，頂刺對手腿部（圖 246～圖 251）。

圖 246

圖 247

圖 248

圖 249

圖 250

圖 251

3. 撞膝——側踢

對手以左腳在前時，我方移步靠近對手，揮手佯擊對手面部。對手被迫快速抬手阻截，我方達到佯攻目的後，後腳移動，迅速向前，後腳落地，前腳快速膝撞對手腹部。對手遭遇反擊而後撤，我方收腿前進，猛然一記側踢，重擊對手胸、腹部（圖 252～圖 256）。

圖 252

圖 253

圖 254

圖 255

圖 256

4. 後踢——頂膝

對手右腳在前並撲向我方，我方向對手右側晃身，配合步法閃躲而過。對手撲空，欲轉身攻擊，我方左腳踏地保持重心穩固，右腳借腰髖後擺，向後反踢對手頭、頸部。對手被擊搖晃時，我方後腳即右腳落地，前腳隨身體擰轉提起前滑，猛出膝頂刺對手腹、肋部（圖 257～圖 262）。

圖 257

圖 258

圖 259

圖 260

圖 261

圖 262

5. 撞膝——劈踢

對手左腳在前並揮手進攻我方，我方屈肘揮刺對手的攻擊手臂。對手收回手，欲摟摔我方，我方迅速兩手屈肘，外撥對手手臂，前腳提起，迅速撞擊對手腹部。對手遭到還擊被迫後退，我方收腳並穩固身體時，前腳掄起，猛然砸劈對手頭、頸部位（圖 263～圖 269）。

圖 263

圖 264

圖 265

圖 266

圖 267

圖 268

圖 269

6. 掃腿——頂膝

對手以右腳在前時，我方降低身形突擊，前手直拳虛擊對手腹部。對手反應迅速，防護身體中段部位，我方不理會對手的防守，而是快速下蹲，以後腳支撐，前腿後轉，猛然掃踢對手支撐腿。對手被迅速掃踢跌倒，我方追過去擒住對手手臂，前腿緊接著以膝部頂刺對手胸、腹部（圖 270～圖 276）。

圖 270

圖 271

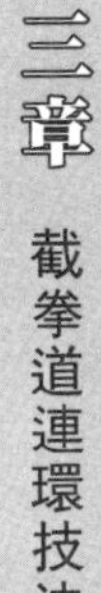

圖 272

圖 273

圖 274

圖 275

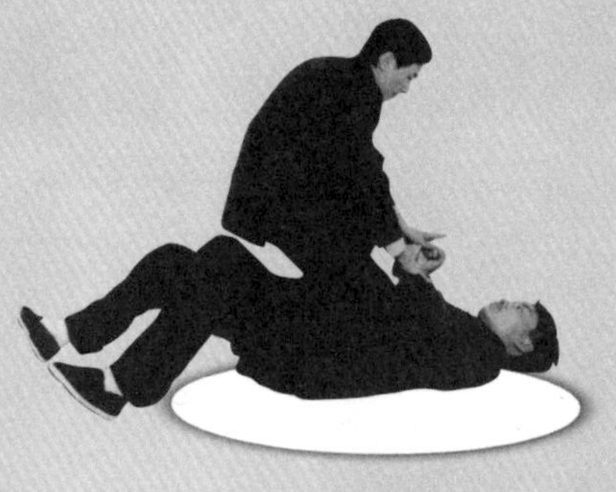

圖 276

7. 撞膝——掃踢

對手左腳在前並以前踢進攻我方，我方沉著側閃而過，前腳隨身形移動猛然提起，用膝撞擊對手前踢的左腿。對手被迫收腿後退，我方把握時機，準確判斷距離，再次提起前腳，猛然掃踢對手頭部，不給對手反擊機會（圖277～圖281）。

圖 277

圖 278

圖 279

圖 280

圖 281

第七節　單腿組合

1.前踢——側踢

對手以左腳在前時，我方移步靠近對手。對手反應迅速，嚴密防護，我方後腳踏地穩固支撐，前腳猛然前踢攻擊對手腹部。對手防護不及遭到攻擊而俯身後退，我方前腳收勢落地，後腳隨著調整角度，前腳猛然躍起，再次側踢擊對手胸、腹側，將對手擊倒（圖 282～圖 287）。

圖 282

圖 283

圖 284

圖 285

圖 286

圖 287

2.側踢——側踢

對手以右腳在前時，我方揚手引誘對手。對手防護身體上段位置時，我方收回手之際，後腳落地扣緊，前腳快速起腿，低段側踢對手膝、腿部。對手遭擊而再欲調整防守時，我方收回前腳，繞過對手防護，猛然側踢對手頭部。這一腳連貫、快速的踢擊，有聲東擊西的效果（圖288～圖292）。

圖 288

圖 289

圖 290

圖 291

圖 292

3. 側踢——掃踢

對手左腳在前，並揮手攻擊我方頭部，我方注視對手變化、搖晃身體躲過對手攻擊，緊接著前腳快速側踢對手膝部，迫使對手收勢。趁對手尚未轉身還擊，我方看準時機，擰腰轉髖，前腿快速提膝掃踢對手頭、頸部，給對手以出其不意的掃踢突擊（圖 293～圖 297）。

圖 293

圖 294

圖 295

圖 296

圖 297

4.前踢——前踢

對手右腳在前，起前腿進攻我方，我方移動，同時前腳突踢對手襠部。對手慌忙收腿阻截，我方收腳但並不撤退，誘使對手放鬆防守，緊接著前腳突起前踢對手頭部，對手措手不及而被重擊（圖 298～圖 303）。

圖 298

圖 299

圖 300

圖 301

圖 302

圖 303

5. 前踢——劈踢

對手以左腳在前時，我方觀察對手情況，移步貼近對手，突然前腳提起前踢對手腹部。對手迅速下按防護手拍擋我方踢擊，我方屈膝收腳，後腳前移，縮短與對手的距離，後腳移動落地，前腳快速掄起，未等對手做出反應，猛力劈砸其頭、頸部位（圖 304～圖 309）。

圖 304

圖 305

圖 306

圖 307

圖 308

圖 309

6. 側踢——勾踢

對手以右腳在前時，我方揮拳攻擊對手面部，迫使對手前手格擋防護。但我方揮拳並不做重擊，而是等對手出手防守時，我方立即收拳，緊接著前腿快速出腳側踢對手膝、腿部。對手欲收腳後退，我方側踢，接著向對手頭、頸勾踢，擊中對手頭部或頸部（圖 310～圖 315）。

圖 310

圖 311

圖 312

圖 313

圖 314

圖 315

7. 勾踢——擺踢

對手以左腳在前時，我方起前腳佯踢對手身體下段，對手被迫起腿防我攻擊，我方快速提膝勾踢對手頭部。對手遭到踢擊而搖晃時，我方動作不停，由勾踢蓄勁收腳擺踢對手腹、肋部，對手被重踢擊中。攻擊時踢打要連貫、快速、有力，不給對手任何還擊機會（圖 316～圖 321）。

圖 316

圖 317

圖 318

圖 319

圖 320

圖 321

8. 擺踢——後踢

對手右腳在前，起腳進攻我方身體下段部位，我方移位至對手身體內側，前腳迅速格截對手的攻擊前腿。對手收腳調整身體姿勢並出拳攻擊，我方阻截的前腳猛然快速擺掃對手胸、肋部位。對手被踢擊而俯身後撤，我方緊接著調換支撐左腳的位置，前腳收回時快速轉身後踢對手胸、腹部（圖 322～圖 328）。

圖 322

圖 323

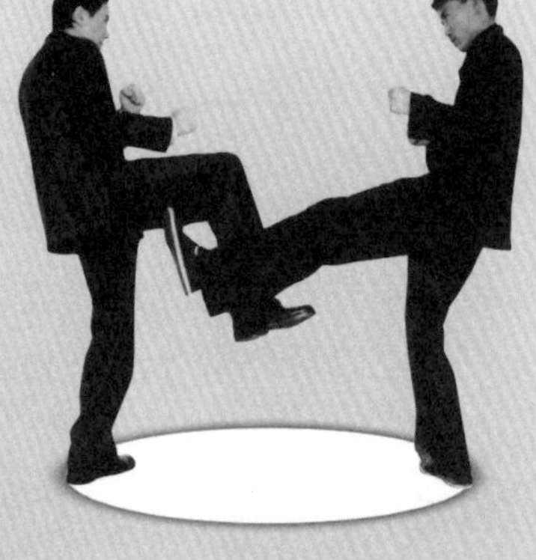

圖 324

圖 325

圖 326

圖 327

圖 328

第八節　雙腿組合

1. 踏踢——前踢

對手以左腳在前時，我方前手直拳佯攻對手頭部。對手屈肘防護並出腿攻擊，我方迅速調整姿勢，前腳踏踢截擊對手的攻擊腿部。對手收腿，準備出拳攻打我方頭部，我方後仰身防守對手的拳擊，在防護對手上段攻擊同時，緊接著前腳踏地，後腳快速前踢對手胸、腹部位（圖329～圖333）。

圖 329

圖 330

圖 331

圖 332

圖 333

2. 前踢——側踢

對手右腳在前並揮拳攻擊我方頭部，我方密切觀察對手的攻擊路線，後手上抬格擋對手之拳。對手欲收手重新攻擊，我方前腳踏地，穩固身體重心，後腳快速前移提起，猛力前踢對手腹部。對手被踢中後退，我方緊接著落腳換勢，前腳突起側踢對手腹、肋部位（圖 334～圖 339）。

圖 334

圖 335

圖 336

圖 337

圖 338

圖 339

3. 側踢——旋踢

對手以左腳在前時，我方稍降身體重心，前手出掌劈擊對手胸、腹部。對手屈肘下落防護手阻截我方的攻擊，我方迅速站直，前腳上提，側踢對手頭部。對手慌忙移位，我方不放鬆攻擊，接著看准對手的閃避位置，擰腰轉髖，猛然旋踢對手胸、腹部，擊中對手的同時也破壞了他的防守姿勢（圖 340～圖 347）。

圖 340

圖 341

圖 342

圖 343

圖 344

圖 345

圖 346

圖 347

4. 掃腿——劈踢

對手右腳在前並揮手攻擊我方，我方前俯身閃躲。對手攻擊落空，再次揮手擊打我方，我方快速降低重心以閃避對手攻擊，左腿隨右腳掌碾轉快速掃擊對手腿部。對手被擊跌倒，我方移動追擊對手，前腳掄起，猛力向下劈踢對手胸、腹部位，對手被踢而無力還擊（圖 348～圖 354）。

圖 348

圖 349

圖 350

圖 351

圖 352

圖 353

圖 354

5. 劈踢——後踢

對手左腳在前，出腳踢打我方膝、腿部，我方後腿支撐身體重心，前腳提起躲開對手腿腳的踢打，前腳並不落地，緊接著屈膝上抬掄起，猛力下砸踢對手肩、頸部，對手因被擊前傾身體，此時我方已躍至對手身後，左腳提向身後，緊接著向後撩踢對手背部並擊倒對手（圖 355～圖 359）。

圖 355

圖 356

圖 357

圖 358

圖 359

6.後踢——旋踢

對手右腳在前，揮起前手攻擊我方頭部，我方晃身閃至對手身體右外側，使對手揮拳掠過擊空。我方移動身體姿勢，未等對手轉身，已出前腳用力向後踢擊對手背部。對手遭到踢擊移位，欲轉身反擊，我方移步，看准對手位置，快速擰轉腰腿，左腿旋踢擊中對手胸、腹部位（圖360～圖366）。

圖 360

圖 361

圖 362

圖 363

圖 364

圖 365

圖 366

7. 擺踢——擺踢

對手以左腳在前時，我方前手出拳攻擊，引誘對手做出反應。對手上抬手臂格擋我方的攻擊，我方前手即收回，後腳猛掄起擺踢對手胸、腹側。對手被踢，防護手下落進行防守時，我方收勢，前腳快速起腿擺踢對手頭、頸、腰、背等要害部位，將對手擊昏或踢倒在地（圖367～圖372）。

圖 367

圖 368

圖 369

圖 370

圖 371

圖 372

8. 勾踢——側踢

對手右腳在前，前手出拳攻擊我方頭部，我方移位至對手右外側，閃避對手擊拳，輕微傾斜身體使對手擊打落空。對手欲下砸我方身體，我方順勢前腳勾踢對手腹部。踢中對手時，對手被迫停止攻擊，我方緊接著轉體，以左腳側踢對手腹、肋部位，不給對手留下反擊餘地（圖 373～圖 378）。

圖 373

圖 374

圖 375

圖 376

圖 377

圖 378

第九節　連環腳踢技法

1. 側踢——側踢——側踢

對手左腳在前並撲向我方，我方密切注視對手變化。當對手欲接近我方時，我方揮擊佯阻對手。對手略遲疑，我方未收回前手，前腳已強有力地截踢對手膝、腿部，迫使對手停止前撲。緊接著未等對手做出反應，我方不收腳，猛然提膝突破對手兩手防護，重力側踢對手頭、頸部。對手被突然擊中而無力防守，我方緊接著又出前腳側踢對手腹、肋部位，踢倒對手（圖 379～圖 384）。

圖 379

圖 380

圖 381

圖 382

圖 383

圖 384

2.側踢——側踢——旋踢

對手右腳在前，欲起腳踢擊我方腿部，我方先于對手動作，前手出掌分散對手注意力，前腳突然截踢對手攻擊腿。對手收腳欲再出招時，我方踏左腳，右腳猛然側踢對手腹、胸部。對手被擊後撤，我方進步，把握距離，看對手站立未穩，右腳碾地轉身，左腳迅速旋踢對手腹、胸部，對手被重創而倒地（圖 385～圖 391）。

圖 385

圖 386

圖 387

圖 388

圖 389

圖 390

圖 391

3. 踏踢——前踢——劈踢

對手以左腳在前時，我方出掌試探對手的反應。對手一邊防護我方掌擊，一邊左腿起腳攻擊，我方注視對手的攻擊情況，移動位置，同時前腳猛踏對手的攻擊腿。

對手收腳防護，並以前手出拳攻擊我方面部，我方後仰上身使對手擊空，接著，突起右腳前踢對手腹、胸部。對手被擊中而收勢防守，我方右腳落地，左腳跟進向前時，迅速提起劈踢對手頭、頸部位，給對手突然重創（圖392～圖399）。

圖 392

圖 393

圖 394

圖 395

圖 396

圖 397

圖 398

圖 399

4. 前踢——擺踢——擺踢

對手以右腳在前時，我方突起前腳前踢對手腹部。對手後移步閃躲，我方滑步跟進，揚手吸引對手注意力。對手嚴密防護身體上段時，我方右腳碾地，左腿猛然擺踢對手腹、肋部位。對手被踢而站立未穩時，我方不放鬆攻擊，左腳落地，右腿掄起，重掃擺對手腰、肋部位，踢倒對手（圖 400～圖 404）。

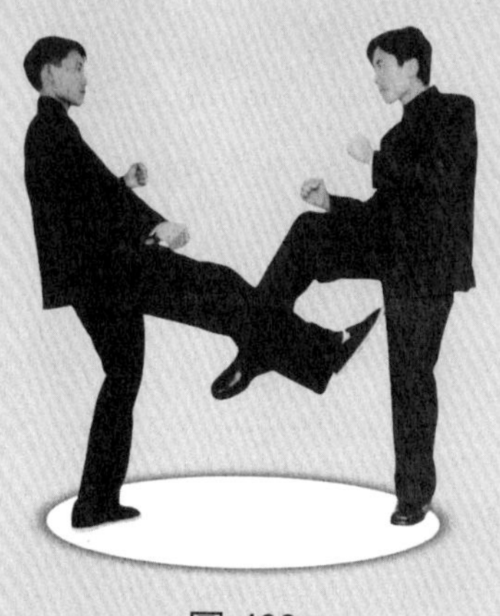

圖 400

圖 401

圖 402

圖 403

圖 404

5. 踏踢——勾踢——掃踢

對手左腳在前，起腳踢擊我方，我方移動前腳，後腳隨即抬起踩踏對手的前踢之腿。對手停止攻擊，但突然揮手攻打我方頭部，移動中，我方迅速閃躲對手攻擊，前腳隨身體稍轉，迅速勾踢對手襠部。

對手被踢擊向一側閃開，我方移動兩腳，在對手尚未出招時，猛然右腿提膝掃踢對手頭、頸部位，對手被踢而被迫停止攻擊（圖 405～圖 409）。

圖 405

圖 406

圖 407

圖 408

圖 409

6.側踢——勾踢——旋踢

對手以右腳在前時，我方突然出前手插掌攻擊對手面部。對手被迫上抬防護手進行格擋，我方瞧準對手前腿、膝部猛然移位，後腳側踢擊出。對手被踢而俯身時，我方緊接著換步防守，前腳提起勾踢對手腹部。被二次踢擊的對手閃至一側，我方準確判斷距離，移動身體，右腳踏地轉身，左腳旋踢並重擊對手胸、腹部位，使對手無力反擊（圖 410～圖 417）。

圖 410

圖 411

圖 412

圖 413

圖 414

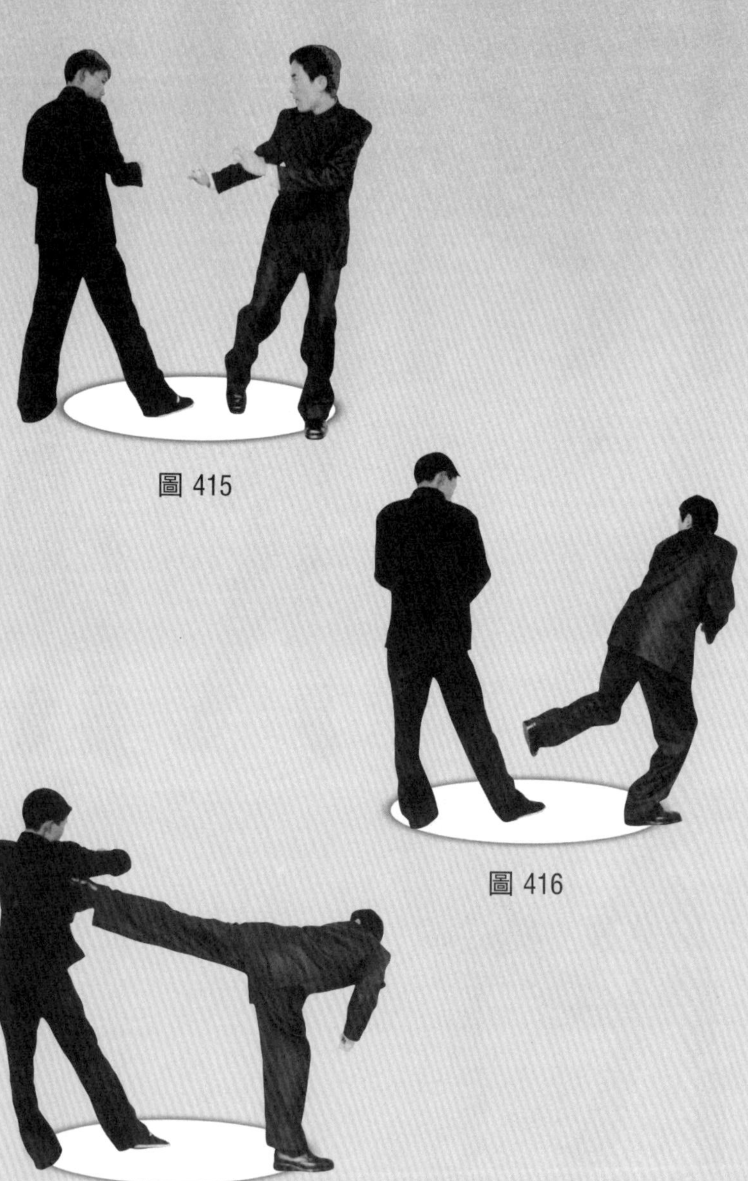

圖 415

圖 416

圖 417

7. 勾踢——擺踢——後踢

對手左腳在前，起腳攻擊我方，我方移動閃躲對手的前腳踢擊，在移步至對手右側時，前腳突起勾踢對手腹部。

對手抬腿格擋，我方收腳觸地，後腿躍過對手阻擋猛掃擺踢出，踢中對手腹、肋側部位。被掃擺踢擊的對手閃身時，我方快速轉身，前腳向後猛踢對手背部，擊倒對手（圖 418～圖 424）。

圖 418

圖 419

圖 420

圖 421

圖 422

圖 423

圖 424

國家圖書館出版品預行編目資料

截拳道連環技法／舒建臣　編著
——初版，——臺北市，大展，2006〔民 95〕
面；21 公分，——（截拳道入門；5）
ISBN 957-468-475-x（平裝）
1.拳術—中國
528.97　　95010026

截拳道連環技法

ISBN 957-468-475-x

編 著 者／舒 建 臣
責任編輯／張 建 林
發 行 人／蔡 森 明
出 版 者／大展出版社有限公司
社　　址／台北市北投區（石牌）致遠一路 2 段 12 巷 1 號
電　　話／（02）28236031・28236033・28233123
傳　　眞／（02）28272069
郵政劃撥／01669551
網　　址／www.dah-jaan.com.tw
E－mail ／service@dah-jaan.com.tw
登 記 證／局版臺業字第 2171 號
承 印 者／高星印刷品行
裝　　訂／建鑫印刷裝訂有限公司
排 版 者／弘益電腦排版有限公司
授 權 者／北京人民體育出版社
初版 1 刷／2006 年（民 95 年）8 月

定　價／230 元

大展好書　好書大展

品嘗好書　冠群可期

大展好書　好書大展

品嘗好書　冠群可期